CONSIDÉRATION

SUR

LE TEMPS PRÉSENT.

CONSIDÉRATION

SUR

LE TEMPS PRÉSENT

(Août 1848)

PAR GAUDEFROY,

de Saint-Julien-Royaucourt.

LAON,

TYPOGRAPHIE DE ÉD. FLEURY ET AD CHEVERGNY,

rue Sérurier, 22.

1848

CONSIDÉRATION

sur

LE TEMPS PRÉSENT.

Au milieu des secousses qui remuent le sol de la Patrie dans toute sa profondeur, lorsqu'on se voit rejeter loin des routes ordinaires, et que du sein de l'obscurité on n'entend pousser que des cris d'alarme, c'est un devoir pour chacun de venir au secours de tous, dans l'étendue de son pouvoir.

Je crois donc remplir un devoir de bon citoyen en élevant une faible voix en faveur de ce que je crois être la vérité, c'est-à-dire, la justice. Je sais qu'on ne peut réunir tous les hommes à une opinion commune ; et je ne poursuis pas l'accomplissement du rêve de la paix universelle ; mais sans prétendre à concilier des intérêts qui paraissent ennemis, je voudrais, du moins, calmer les esprits, et verser un peu de baume sur les plaies de la Patrie.

Je ne suis animé que de sentiments de concorde et de paix; c'est pourquoi, si une seule de mes paroles vient à blesser un homme de bonne foi, et je n'écris pas pour d'autres, je la retire et la désavoue d'avance. On ne doit certes pas garder le silence, lorsque les notions du juste et de l'injuste se trouvent, sinon effacées, du moins altérées, lorsque les maximes les plus incontestables sont mises et remises en question, lorsque les intérêts les plus sacrés se voient inquiétés en même temps que les doctrines. Mais, si je demeure fermement attaché aux principes, je n'ai point de sévérité pour les simples erreurs. Et le moyen d'user de rigueur envers les hommes, dans ce temps de transformations perpétuelles, de pouvoirs renversés les uns sur les autres, de lois et d'institutions incessamment renouvelées, de systèmes, de discours, de journaux contradictoires, où tant de gens qui ne pensent pas par eux-mêmes, sont obligés de changer tour à tour leurs sympathies et leurs antipathies? Baisse la tête, fier Sycambre : adore ce que tu as brûlé, et brûle ce que tu as adoré. La douceur ici n'est que justice. D'ailleurs nous avons surtout besoin d'union; et la confiance dans l'avenir ne viendra qu'avec la sécurité dans le présent.

La République est consacrée. L'Assemblée nationale l'a proclamée à l'unanimité. Nos Représentants envoyés par l'universalité des citoyens ont proclamé tous la République à la face du peuple qui les avait élus; et pas une protestation ne s'est fait entendre ni dans l'enceinte ni au dehors.

Ainsi les irrégularités des premiers jours sont pleinement couvertes et réparées; et la République n'est plus en question. La soumission est donc générale et nous sommes tous républicains, sinon de la veille, sinon encore du lendemain au vingt-cinq février, au moins du surlendemain au quatre mai, lorsque la nation souveraine fit connaître sa décision par la voix de ses mandataires. Si la loi n'est que l'expression de la volonté générale, certes, jamais gouvernement ne fut plus légitime; et nous n'avons qu'à nous incliner avec respect devant l'autorité suprême. Cependant, malgré cette grande manifestation, j'entends dire que la République n'a pas été approuvée, non pas même acceptée, qu'elle a été subie, supportée, endurée. On ne tient point compte du vote de dix millions de Français. Le suffrage, assure-t-on, n'a été donné qu'à regret; et tous ces électeurs n'ont fait que se soumettre à un malheur désormais sans remède. Eh quoi! chez un si grand nombre de nos concitoyens, ou du moins chez la plupart, faut-il supposer cette répugnance et cette contradiction entre la pensée et la voix? Je croirai à peine qu'un infiniment petit nombre ait voté contre sa conscience. Mais, puisque vous le voulez, j'admets que votre vœu ait été formé de mauvais cœur, et que vous soyez réduit à cette dernière extrémité. Oui, ceux-là même qui jugeaient naguère la République impossible et impraticable, la reconnaissent présentement nécessaire, aujourd'hui qu'elle se trouve établie, réalisée, accomplie; et vous ne faites que vous résigner à la nécessité. Mais, dites-moi, je vous prie, qu'est-ce donc qu'il y a de plus fort au monde que la nécessité? N'est-ce pas une fatalité inévitable, indispensable, irrésistible? Tout le monde s'est soumis à cette nécessité comme à une volonté divine.

Je sais que la République n'est apparue à beaucoup d'esprits troublés qu'avec son cortège traditionnel de malheurs, de fléaux et de crimes. Ils ne cessent de voir la nuit comme le jour l'échafaud dressé en permanence; et ils entendent à chaque minute retomber le couteau maudit. Le même nom leur fait confondre les époques différentes; mais peut-on de sang-froid comparer cette révolution à la première, à une révolution de dix ans une de trois heures, où rien ne fut contesté ni défendu? Au temps où nous sommes quels privilèges et quels ordres privilégiés restent à combattre? Quel gouvernement jaloux vient attaquer notre constitution? Il n'y a plus de nobles, plus de prêtres à assujettir au tribut universel, à faire rentrer dans le droit commun, plus d'ennemis à refouler sur l'autre rive. Point de lutte au dedans, puisqu'il n'y a pas de résistance; au dehors, les uns nous craignent, les autres nous admirent, tous nous respectent. La révolution de février s'est accomplie sans effort, sans contre-coup, sans réaction armée de l'ancien ordre de choses; aussi est-elle plus forte que ses devancières par ceci même qu'elle n'a pas besoin de rigueurs. L'arbre de la liberté n'a pas été arrosé de sang humain; et le premier acte du nouveau régime fut d'abattre l'échafaud politique et de rejeter dans le ruisseau le drapeau couleur de sang. Quant à la grande calamité des Journées de Juin, je dirai que, si la victoire de l'ordre public ne rassure pas ces esprits encore embarrassés des souvenirs de la terreur de quatre-vingt-treize, qu'ils fassent au moins ce rapprochement, puisqu'ils veulent toujours comparer : C'est que les anarchistes des anciens jours étaient parvenus à dissoudre et à décomposer la garde nationale qui seule pouvait nous défendre à l'intérieur, tandis que notre temps, cette force publique est organisée, vigilante et unie à l'armée active ; aussi la révolte contre la vraie liberté est venue expirer dans l'impuissance ; car les honnêtes gens de tous les partis se sont réunis, comme ils se réuniront toujours, contre l'anarchie et le brigandage.

Le nom seul de République épouvante les faibles, ce nom qui résonnait si innocemment aux oreilles des princes les plus jaloux de leur autorité, ce nom qu'on employait sans scrupule au temps du plus pur despotisme, et que vous retrouvez fréquemment dans les écrits du dix-septième siècle. Et pourquoi? C'est que la République n'est pas autre que la chose publique, et que le terme ne s'applique pas toujours au gouvernement. Ainsi la République de Pologne avait un roi, et celle de Sparte en avait deux ; et le mot docile s'adaptait aussi bien aux monarchies despotiques d'Alger et de Tunis qu'aux oligarchies de Gênes et de Venise. Si bien que les gens à qui répugne la République dans son idée abstraite aiment, je n'en doute pas, la République française. Ils sont dévoués au moins à l'État et à la chose publique, s'ils sont contraires à la forme de gouvernement.

La République a été prématurée, je le confesse. Ainsi qu'à tous les enfants précoces, il lui est plus difficile de vivre que de naître. Mais enfin, elle était au moins à l'état de germe inné, puisqu'elle est venue au jour ; elle a été procréée et engendrée, puisqu'elle existe ; elle n'est pas un avorton mort en naissant, puisqu'elle dure encore. De ce qu'elle a été hâtive, en concluez-vous qu'elle ne soit pas viable ; et ne voyez-vous pas tous les jours des enfants nés avant terme se développer après leur naissance et devenir forts comme les plus vigoureux ? « Mais, disent les royalistes, cette nécessité de » République ne paraissait pas alors. Pourquoi recourir à ce » moyen violent et extrême, la dernière raison des peuples ? » La monarchie constitutionnelle pouvait réaliser doucement » et avec le temps toutes les améliorations sages et désirables. » J'en conviens, elle le pouvait ; mais elle ne le voulait pas. Rien n'était plus facile, sans doute ; et il n'était besoin à cet effet que de son consentement. Mais, mon Dieu, comment se flatter éternellement de vaincre un jour le mauvais vouloir des hommes ? Le moyen de lutter contre l'entêtement systématique des uns, et la peur et la corruption des autres ; et fallait-il alors attendre indéfiniment le bon plaisir des malveillants ? Prenez-vous-en à eux des conséquences de leur obstination aveugle. On a perdu la patience avec l'espoir. L'opinion publique s'est soulevée à la fin, et l'ennemi s'est enfui lui-même, frappé de vertige et égaré par l'esprit d'imprudence et d'erreur.

Que vous a servi d'ailleurs cette fiction de monarchie constitutionnelle, de roi inviolable, de ministres responsables? Quelle force de résistance a-t-il apportée, ce dogme politique, dernier espoir des royalistes? L'échafaudage monarchique a disparu comme un château de cartes au premier souffle du peuple. Déjà les partisans de la monarchie ont tous, en désespoir de cause, abandonné leurs prétentions de pouvoir absolu; et, depuis longtemps, pour faire accepter leur roi, ils sont obligés de l'annuler. Il ne fait plus rien : les ministres font tout. Le roi règne et ne gouverne pas. Alors, s'il ne sert qu'à nommer des ministres, tout gouvernement le fera aussi bien; et s'il n'est plus qu'un rouage inutile, à quoi bon le garder? Eh! qu'aviez-vous gagné en tempérant la monarchie? Le monarque ne pouvant plus user de violence se soutenait par la corruption. Les hommes lui donnent l'argent, l'argent lui donne les hommes. Qu'attendre de bon d'un régime où l'on s'évertue à opprimer avec sagesse, comme le Pharaon d'Egypte, où la ruse se combine ingénieusement avec la force, où, malgré les promesses et les proclamations les plus solennelles, toutes les mesures se prennent en vue d'un intérêt étroit de personne ou de famille, et non en vue de l'intérêt général?

La plus grande différence qui sépare la monarchie de la République, c'est que dans celle-ci les lois sont toutes puissantes, et que dans celle-là les personnes sont plus considérables. Sous le régime monarchique, la nation s'individualise et s'identifie d'autant plus avec le monarque qu'il est plus absolu. L'état alors, c'est le roi; il est inviolable, il est au-dessus des lois, il est le souverain. Dans la République, au contraire, que peuvent les hommes contre la loi dominante? Quel que soit le mérite supérieur des individus, il n'y a point d'hommes nécessaires chez les peuples libres. S'il en était autrement, il y aurait péril pour la République; ou plutôt la République n'existerait plus que de nom. Il suit de là que l'on trouve moins de consistance et de stabilité dans la Répu-blique, et qu'indépendamment de la raison d'hérédité la mo-narchie donne plus de garanties d'ordre, parce qu'elle offre partout et à chaque moment un seul et même point de ralliement pour tous les efforts de ses partisans. Mais aussi le pouvoir royal, qui de sa nature est envahisseur et usurpateur, entraine avec lui dans ses luttes et ses défaites ses fidèles défenseurs qui ne peuvent abandonner l'homme sans aban-donner le principe. C'est le contraire en République, où la Patrie est tout, et les personnes peu de chose. Le peuple ne s'attache point aux hommes qu'il peut toujours négliger, quitter, révoquer, puisque lui seul est le souverain; et qu'il doit parfois éloigner pour défendre le principe républicain. Il y a donc toujours plus de liberté de ce côté; et, si de l'autre il y a plus d'ordre, c'est toujours un ordre périlleux pour la liberté.

D'ailleurs, c'est une fatalité inévitable, et il faut s'y résoudre malgré qu'on en ait. En France, les changements d'hommes sont de nécessité. Les hommes y sont de mode aussi bien que les choses. Quoi que vous vouliez, quoi que vous disiez, faites descendre un ange du ciel, vous ne parviendrez pas à le retenir sur la terre sans que tôt ou tard le mécontentement public arrive jusqu'à lui. Avec une nation, nation aussi mobile, aussi impatiente, aussi avide de sensations et de mouvements que la nôtre, qui s'enchante et se désenchante aussi aisément, qui passe aussi soudainement de l'enthousiasme au dégoût, excitée en outre par l'action incessante d'une parole sans frein et d'une presse sans limites, les changements des personnes sont infaillibles. Et c'est l'avantage perpétuel des Républiques, que les déplacements s'opèrent légalement et sans secousses, car là seulement les hommes peuvent se renouveler sans qu'on renouvelle les choses ; et cette inconstance des états libres est une condition de leur existence. S'ils venaient à se passionner pour leurs chefs, l'idole serait bientôt déifiée et la République perdue. Contre le fonctionnaire de la monarchie, vous n'avez que la terrible ressource des révolutions. Le pouvoir individuel est tellement ancré et enraciné qu'on ne peut l'arracher et l'abattre qu'après un long temps, un violent effort, un bouleversement complet, au milieu d'une confusion générale. Que la République retire sa confiance aux gouvernants qui lui déplaisent, ils tombent d'eux-mêmes puisqu'ils ne peuvent s'appuyer que sur elle. Il ne faut qu'un signe de l'Assemblée souveraine pour les faire rentrer sans fracas et sans trouble dans l'ombre d'où ils sont sortis. De plus, un roi, qui veut régner à tout prix, ne s'occupe qu'à s'affermir et à s'étendre.

Il n'a point le temps de gouverner; et toute son étude est de se faire des créatures. Les chefs d'une République au contraire pleins du sentiment de leur instabilité ne cherchent pas à s'éterniser à un poste dont ils connaissent le peu de solidité; ils travaillent pour le peuple seul, et font du mieux qu'ils peuvent, sachant bien qu'ils devront un jour rendre compte de leurs actions.

Et ce grand principe de stabilité, peut-on de bonne foi l'invoquer à la vue de tous ces rois rejetés les uns sur les autres? Quelle royauté téméraire prétendrait, au temps où nous vivons, s'assurer contre les écueils et les tempêtes? Après tant de naufrages monarchiques quel autre port de salut nous reste-t-il que la République? Rétablir la royauté, c'est provoquer des révolutions sans fin; et, quand on parviendrait à faire encore un malencontreux essai de cette forme de gouvernement, la monarchie nouvelle ne tenderait certes pas à s'abîmer encore une fois dans la République. Quel est le pouvoir royal qui aurait soutenu sans succomber une lutte terrible comme celle des journées de juin? Quel monarque si fort et si glorieux, fût-il Bonaparte, aurait pu résister à ces attaques désespérées? L'esprit de liberté enfante seul aujourd'hui des prodiges; rien ne peut le suppléer; et c'est le principe républicain qui seul a fait triompher le pouvoir public. Quel autre que l'amour exclusif de la vraie liberté a excité l'élan unanime et spontané des populations, ce mouvement universel qui les transporta si soudainement pour défendre et soutenir la souveraineté nationale et l'assemblée qui en était sortie? Les Français ne se seraient pas levés comme un seul homme pour un seul homme, quel que fût le roi. Chacun sentait que c'était la cause de chacun qui s'agitait à Paris; et tout le monde courait à la défense commune. On consentait à mourir pour la Patrie; et un roi, n'importe lequel, n'aurait pu inspirer un semblable dévouement. Oui, c'est la République qui a sauvé la société, et c'est même chose.

Dans toutes les plaintes que j'entends résonner, je ne vois point qu'on se prenne à la République, innocente en effet, de toutes les fautes commises en son nom. On n'en veut qu'aux républicains, qu'à des hommes. Ce n'est point la forme de gouvernement qu'on attaque, ce sont les gouvernants eux-mêmes. Eh bien ! n'est-ce pas une preuve évidente de l'excellence de ce régime que cette facilité à détacher les hommes des choses, à séparer l'administrateur de l'administration, à détruire l'abus en sauvant le principe? Le remède est toujours à côté du mal. Le peuple souverain sacrifie les personnes, modifie les lois, sans qu'il soit besoin de recourir à des révolutions violentes.

Sans doute de mauvaises et fausses mesures ont été prises ; mais, pour être juste encore plus qu'indulgent, il faut faire la large part des conjonctures qui certes étaient pressantes, périlleuses, décisives. Les esprits n'étaient point préparés à la révolution. De là les fautes inséparables d'un temps de trouble et de confusion. Les hommes qu'on rencontra, pris au dépourvu, furent jetés au milieu d'une désorganisation complète. Ils étaient sans force au sein du tumulte, et ne devaient gouverner qu'à la condition d'obéir. Tantôt ils retsaient immobiles, ne pouvant avancer, ni reculer, parce qu'on les tiraillait en sens divers; tantôt ils étaient entraînés et précipités dans des réformes qu'on réclamait de toutes parts; mais toujours accusés de faire trop et de ne point faire assez. L'expérience d'une telle nouveauté manquait nécessairement à des gens lancés dans l'inconnu; et, si les âmes étaient généreuses, les têtes étaient troublées et malades. Dès lors, faut-il s'étonner de ces épreuves chimériques, de ces aberrations malheureuses, que du reste l'assemblée a couvertes et souverainement sanctionnées? Au plus fort d'une crise politique sans exemple dans l'histoire, lorsque les intentions les plus pures égarent quelquefois, jugerez-vous ces hommes sans leur tenir compte des difficultés et des impossibilités de leur situation? Lorsque le choix était si borné, que seriez-vous devenus, s'ils n'eussent pas accepté leur terrible mission?

Il est surtout un homme, un des plus grands de ce temps, qui certes n'avait pas besoin de cette gloire nouvelle, qui s'est dévoué complètement au salut de la chose publique, qui s'est élevé tout d'abord à la hauteur de ces grands évènements. Il est tombé, parce qu'il n'est donné à personne de se maintenir longtemps, et en France surtout, à une telle élévation. Aussi n'ai-je nullement été surpris de voir précipiter de son piédestal la statue que j'avais vue ériger aux acclamations générales. Aujourd'hui, la sourde et jalouse calomnie s'acharne sur l'idole renversée. Mais quel homme de bien accueillera d'ignobles rumeurs? Il est des choses qui ne tombent pas sous le sens; on se respecte d'autant plus qu'on a été plus respecté; et je ne

croirai point que l'accusé se soit manqué à lui-même. Indépendamment de toute autre raison, je ne veux de caution que
sa gloire. Le génie a aussi son honneur ; et je me rappellerai
toute ma vie qu'au 25 février, ce grand homme a sauvé la
Patrie et la Liberté.

Par quelle fatalité voyons-nous sans cesse à ses côtés,
comme son mauvais génie, cet homme dont le nom se re-
trouve au fond de toutes les alarmes, dont le nom, mêlé à tous
nos malheurs, ne retentit que chargé de malédictions, dont le
nom enfin est l'éternel argument et grief des ennemis de la révolution. Chacun reconnaîtra ici le premier ministre de l'intérieur
qui foula aux pieds la liberté après une révolution entreprise
pour elle ; mais, comme on l'a dit, la liberté expire toujours et
ne meurt jamais. Si je m'élève contre les odieuses circulaires,
c'est que je les regarde comme le ferment le plus puissant de
discorde qui fut jeté parmi nous. Le ministre a le plus contribué à repousser l'espérance loin des cœurs qui ne demandaient
qu'à s'ouvrir, lui qui le premier divisa les Français en hommes
de la veille et en hommes du lendemain, recommandant les
uns et rejetant les autres dans les élections générales, comme
si le peuple n'était pas juge suprême de son choix ; lui qui
insultait à la justice en plaçant les pouvoirs de ses commissaires au-dessus de l'action des lois ; lui qui attaquait la propriété elle-même en annonçant par des mots ambigus et inex-
pliqués, l'intention de la *dépouiller de son caractère de per-
sonnalité égoïste*. Il n'a pas eu du moins le mérite de l'inven-
tion : le comité de la République écrivait à Joseph Lebon, de

2

sanglante mémoire : « Vous êtes investi de pouvoirs illimités.
» Continuez, citoyen, votre attitude révolutionnaire. » Et je
lis dans les instructions du ministre de l'intérieur : « Vos pou-
» voirs sont illimités. Agent de l'autorité révolutionnaire, vous
» êtes révolutionnaire aussi. Vous êtes investi de la souverai-
» neté du peuple... Il faut que l'assemblée soit animée de l'es-
» prit révolutionnaire.... L'éducation du pays n'est pas faite,
» c'est à vous de le guider, etc.......... 7 mars. » Et, comme
si ces agents publics et avoués ne suffisaient pas à la désorganisation, une foule d'autres se repandit par toute la France,
au nom des sociétés populaires de Paris, et payés sur les
fonds secrets du ministère. Je n'ai pas besoin de rappeler les
insolentes adresses dont les électeurs se souviennent encore.
Qu'arriva-t-il ? ce qu'on devait aisément prévoir. Les ma-
nœuvres et les menaces nous irritèrent au lieu de nous
effrayer; et le grand instituteur de la France qui prétendait
la guider ne parvint qu'à l'agiter davantage. Le gouvernement marquait trop de défiance de la Nation pour que la
Nation à son tour ne se défiât pas du gouvernement. En outre,
cette tyrannie n'était pas moins inconséquente qu'impolitique.
Que de fois ne vit-on pas des commissaires aussitôt révoqués
qu'expédiés, ou bien associés ou soumis à d'autres ! et ce n'é-
tait pas l'expérience qui causait ces chang ments, puisque les
premiers commissaires étaient souvent agréés et retenus par
les populations, tandis que d'autres agents repoussés ailleurs
étaient maintenus par le ministre. Et les défiances augmen-
taient parce qu'on ne savait si l'on devait attribuer ces contra-

dictions à la simple inhabileté. Le ministre depuis essaya de se justifier : « Il fallait des soldats, dit-il, pour continuer et propager la victoire. » Eh! quoi, sommes-nous des vaincus? sommes-nous en guerre? A quoi bon ces soldats? contre qui combattre, puisque, selon le gouvernement provisoire, il n'y eut résistance ni d'une main, ni d'une voix, ni d'un cœur libre en France? « Les populations, ajoutait-il, ont répondu en investissant de » leurs suffrages la plupart des commissaires. » Je le crois sans peine : je m'étonne seulement qu'avec toute leur puissance ils ne soient pas parvenus à se faire tous élire; c'est qu'apparemment tous ne l'ont point voulu. Enfin, malgré toutes ces menées, l'immense majorité de l'Assemblée fût honnête. Mais on vit cet homme si entreprenant s'arrêter tout à coup, lorsque les brigands du 15 mai s'insurgèrent contre elle : je puis bien appeler brigands des hommes qui demandaient deux heures de pillage. Oui, lorsque toutes les mesures étaient prises pour la répression de l'attentat, lorsque chacun était à son poste, lorsque de toutes parts on n'attendait que le signal, le ministre se refusa à faire battre le rappel; et, à tout prendre, il ne le pouvait guère après ses provocations. D'ailleurs, que risquait-il, en effet, puisque son nom se trouvait sur toutes les listes des insurgés? Il se tenait en repos, étant toujours assuré du pouvoir, qu'il restât membre de la commission exécutive, ou qu'il devint membre du gouvernement insurrectionnel. Ainsi, soit qu'il agisse, soit qu'il n'agisse pas, cet homme est toujours fatal à la République.

Un autre ministre, celui des finances, fit encore bien du

mal quoique beaucoup moins. Je ne m'arrête pas à toutes ses mesures désastreuses qui ont soulevé les villes et les campagnes ; je veux parler seulement de celles qui menacent surtout l'avenir. Quelques jours après son avènement, le gouvernement provisoire annonçait qu'il ne toucherait pas au système des impôts ; et voilà que, le 6 mai, le ministre demande à l'Assemblée d'établir l'impôt progressif sur le revenu, parce qu'il vient de découvrir que les propriétaires de terre ne paient pas d'impôts. N'y a-t-il pas là de quoi s'émerveiller? Il n'y a pas de budget, pas de recettes publiques, pas de contributions directes. Vous croyiez jusqu'à présent que les percepteurs levaient l'impôt foncier, et peut-être vous rappelez-vous encore de l'avoir payé vous-même. Erreur de vos sens et de votre mémoire. Ecoutez parler le ministre lui-même : « En réalité, dit-il, les propriétaires de terres ne paient point d'impôt. Le premier qui fut imposé paya l'impôt ; mais, après lui, personne. Que font en effet, les acquéreurs successifs? En achetant, ils savent qu'ils acquièrent une propriété grevée d'un usufruit en faveur de l'État. Dès lors ils tiennent compte des charges que supporte la propriété qu'ils achètent, et ils déduisent du prix d'acquisition une somme correspondante à l'étendue de ces charges ; d'où il suit, comme je l'ai dit tout-à-l'heure, qu'en réalité le premier propriétaire a eu à souffrir de l'établissement de l'impôt, mais que lui seul a souffert. » Un autre argument se joint à celui-ci qui n'a pas sans doute semblé suffisant. « Comme il est absolument impossible qu'on se passe des produits de la terre, les propriétaires en tirent des

prix d'autant meilleurs, dans les temps de crise , que la concurrence de l'industrie est moins active. » Comme les chiffres
sont d'une éloquence sans réplique , il faut envoyer au ministre
les mercuriales de ces derniers temps, et lui apprendre le
cours des grains. Mais ne le suivons pas sur le terrain de la
plaisanterie; et soyons plus sérieux que lui en un si grave
sujet.

Chez nous , dans l'intervalle de trois générations , le capital
des biens territoriaux entre tout entier sous le nom d'impôt
dans les caisses publiques. Et l'on se plaint encore, lorsque le
propriétaire n'est , en réalité , qu'un usufruitier moyennant un
prix sans limite qui ne doit jamais libérer sa possession ! De
plus, en aucune contrée du monde , la terre n'est plus di-
visée. Le bouleversement des richesses, à la suite d'évènements
qui remuèrent si profondément le sol, la sécularisation des
biens du clergé , la vente des biens d'émigrés , soixante ans
de successions incessamment partagées , les changements per-
pétuels qu'apportent dans les fortunes privées les besoins réels
ou factices des Français qui aiment à vivre si vite, les passions,
le luxe, les goûts de dépense , la force des choses , enfin , que
de causes toujours croissantes de démembrements infinis ! Ces
divisions multipliées effrayaient déjà les Bourbons aînés , qui
demandèrent des mesures pour prévenir le morcellement des
propriétés. Mais les alarmes des rois ne rassurent point encore
l'exigeant financier , et dans son impatience de destruction , il
devance le cours du temps. Ce n'est qu'un coup d'essai , je
l'avoue; on n'attaque pas de face la propriété , à la façon des

niveleurs brutaux. On veut que l'État soit le seul communiste, ôtant à ceux qui ont pour donner à ceux qui n'ont pas, prenant sous le nom d'impôt, et rendant sous le nom de salaire : ce qui est fort différent, quant à l'intention. Ces esprits, sans connaissance des véritables conditions de la fortune publique, ne trouvent rien de plus simple que de dépouiller chaque citoyen pour enrichir l'État, comme si l'intérêt privé ne se liait pas nécessairement à l'intérêt général ; et comme si le travail public pouvait suffire à la vie commune sans le travail particulier. Eh quoi ! la triste expérience des ateliers nationaux sera-t-elle perdue ? Comment ne voyez-vous pas qu'en frappant le revenu, c'est le travail qu'on frappe surtout ? C'est sur le pauvre qui vit de son labeur de chaque jour, que la mesure retombe ; car le revenu particulier est le principal soutien du travail. L'impôt sur le revenu doit donc être fixe et modéré. Mais les clameurs des factieux, les cris d'à bas les riches, ont monté aux oreilles de nos hommes d'État et y sont demeurés malgré eux.

Eh ! qui donc est riche aujourd'hui ? Est-ce le propriétaire, qui voit à la fois augmenter ses impôts et diminuer ses revenus, lorsqu'il parvient encore à se faire payer de ses fermiers ruinés ? Est-ce le cultivateur, obligé de donner ses récoltes à vil prix ? Est-ce le capitaliste dépouillé, le manufacturier qui ne veut et ne peut produire ce qu'on ne consommera pas ? Et l'ouvrier sera-t-il employé, sera-t-il payé à son tour ? Dans un temps d'appauvrissement général, le revenu manque à la propriété, l'intérêt au capital ; et si le salaire manque au travail, que faites-vous donc alors, vous allez contre votre but. Le travail n'est possible, d'ailleurs, qu'autant que le fruit de ce travail sera assuré. Oui, il faut que l'ouvrier ait la certitude que le prix de sa peine ne lui sera disputé par personne. Calmez-donc les esprits, loin de les inquiéter; car ce n'est pas le travail qui donne la confiance, c'est la confiance qui donne le travail.

La propriété, d'ailleurs, est inviolable de soi : elle n'est pas l'œuvre de la puissance sociale; elle est préexistante à la loi, et la loi n'a fait que la reconnaître et la garantir. La possession permanente et héréditaire procède d'une force de choses et d'un ordre de faits antérieurs à la législation, et que la législation n'a fait que consacrer. La propriété est donc inattaquable, et la loi qui ne l'a point faite ne saurait la défaire.

Le seul pouvoir qui crée a le droit de détruire.

Ainsi, la loi protège nos droits, mais ne les constitue pas. Elle ne les fonde pas, elle les assure et les défend. Elle reconnaît, elle proclame, elle consacre le droit qui existait avant elle, et qui seulement n'était pas écrit. La loi écrite n'a fait que promulguer la propriété qui existait auparavant de droit comme de fait. Aussi il serait absurde autant qu'injuste que la loi, notre salut à tous, vînt attaquer ce qu'elle doit préserver, et que nous trouvassions notre perte dans notre refuge.

Et quel moment prend-on pour l'essai de ces déplorables mesures financières, lorsque de menaçantes théories ont amené déjà de graves perturbations dans l'ordre matériel de la société, lorsque de fausses et téméraires doctrines ont alarmé la conscience publique en attaquant une institution naturelle et sacrée sur laquelle repose l'existence même du genre humain; lorsqu'enfin les ennemis de la société ne s'évertuent qu'à donner au brigandage un air de légalité? La propriété est un vol, disent-ils, et ils ne demandent qu'à s'approprier ce qui n'est pas à eux, c'est-à-dire à voler doublement à leurs yeux. S'ils ne sont qu'insensés, ils ne parviendraient pas seulement à s'étourdir sur leurs rapines, ne pouvant, en sûreté de conscience, s'adjuger le bien d'autrui, puisqu'à leurs yeux la propriété est un vol. Et s'ils ne pensent pas leurs folies, s'ils mentent aussi impudemment, quel nom donner à leurs doctrines?

De plus, j'entends dire que la révolution qui a été faite par le peuple, doit être faite pour lui. Je remarquerai que si elle a été faite, elle n'est plus à faire. Ensuite, si par peuple vous entendez nation, la proposition est tellement générale et commune, qu'elle en est devenue puérile; et vous n'aviez pas besoin de venir nous apprendre que la révolution devait être faite pour la nation. Au profit de qui devrait-elle donc être faite? Sans doute le peuple n'est autre que la nation; mais les démagogues appellent exclusivement peuple la populace. C'est ce seul nom dominant que se réservent les hommes du 15 mai et des journées de juin, les défenseurs de la République dite sociale ou plutôt anti-sociale. Leur drapeau, c'est le rouge, et non notre glorieux drapeau tricolore. Ils opposent le peuple à la garde nationale. Or, comme la garde renferme tous les Français qui n'ont pas encouru la dégradation civique, il s'ensuit que le peuple des démagogues ne se compose que des repris de justice. Il n'est que de s'entendre. Le peuple, le vrai peuple, le peuple français, c'est nous tous : toi comme moi, moi comme toi. Pourquoi donc en prends-tu le nom pour toi seul, ou pour ta faction seule, à l'exclusion de tout le reste de la nation ? Le vrai peuple, c'est l'ensemble des citoyens. Ceux là seuls n'en font point partie, qui sortent du droit commun. Les rôles sont changés vraiment. Ces singuliers aristocrates prétendent insolemment nous imposer leur loi ; et nous avons de nos jours à nous défendre contre des privilégiés d'une nouvelle espèce. Comme les anciens, ceux-ci savent tout sans avoir rien appris. A quoi bon apprendre, au surplus ? Le premier ministre chargé de l'instruction publique ne juge pas lui-même l'instruction nécessaire. Qu'est-il besoin de savoir, en effet ? Et ne sont-ce pas des oies qui ont sauvé le Capitole ?

Enfin, comprend-on les ouvriers seulement par ce nom de peuple, quoique Barbès lui même ait dit : Il n'y a que des citoyens en France ? Oui, sans doute, dites-vous, puisque ce sont les ouvriers qui ont fait le 24 février. D'abord, et je ne l'oublierai jamais, la masse armée, qui n'était pas aussi nombreuse qu'on le dit aujourd'hui, ne se composait pas toute d'ouvriers. J'ai vu parmi les combattants d'anciens militaires, des élèves de l'Ecole polytechnique, des étudiants, des artistes, des journalistes, voire même des propriétaires. Et la garde nationale elle-même que vous réprouvez à cette heure, n'a-t-elle pas contribué puissamment à la victoire, en arrêtant et paralysant l'armée de ligne, et en jetant, de concert avec la population, ce cri qui s'échappait de toutes les poitrines : Vive la réforme? Le gouvernement déchu a disparu devant l'opinion publique, et certes il n'aurait pas avec toutes ses forces reculé devant le petit nombre de combattants, s'il n'avait cru voir derrière eux la nation entière. Et ensuite, quand il serait vrai que les ouvriers eussent fait la révolution à eux seuls, serait-ce une raison pour nous imposer leurs volontés? N'aurions-nous changé que de rois? Et voudraient-ils s'arroger la souveraineté nationale? Mais loin de là : le grand nombre des travailleurs, les bons ouvriers, repoussent l'offrande perfide de leurs flatteurs ; ils refusent de servir d'instruments aux ambitieux qui exploitent la misère publique, et regarderaient comme criminel autant qu'impossible de s'établir sur les ruines de l'ordre social.

L'ordre est plus qu'un droit, c'est une nécessité; et l'on ne saurait concevoir une société sans ordre et sans règle. Les hommes ne peuvent vivre sans travail; point de travail sans crédit, point de crédit sans confiance, point de confiance sans ordre. Il n'est aucun individu, aucun parti qui ait le droit d'imposer un gouvernement.

Je m'attends à être arrêté à ce pas par les royalistes, qui m'accuseront de faire ici le procès aux révolutions de juillet et de février. Mais est-ce que pour installer les gouvernements royaux la nation avait été consultée, le consentement accordé, la volonté générale exprimée? non sans doute. D'abord la royauté repoussa fièrement une consécration insultante; ensuite elle se réduisit à supposer une adhésion tacite du peuple, qu'elle se faisait remettre par une représentation dérisoire. Aujourd'hui une assemblée, le produit de l'élection la plus vaste et la plus universelle, représente assurément la Patrie, et exprime avec vérité ses vœux, ses sentiments et ses pensées. Si la nation n'est pas dans les hommes qu'elle a élus par le suffrage universelle, où sera-t-elle donc? à quel signe la reconnaître? N'est-ce pas aussi dans le suffrage universel que se trouvent les garanties d'ordre comme de liberté? Aussi les trembleurs routiniers qui se faisaient un épouvantail de ce mode d'élection, ont pu voir en l'éprouvant à quoi se réduisaient les difficultés pratiques d'une théorie qu'ils jugeaient inapplicable et impossible à réaliser. Ils se confient maintenant en l'Assemblée nationale, et ils cherchent le refuge là où ils ne voyaient que le péril. Quant à ceux qui ont appelé de tous leurs vœux l'élection générale, ils ne sont point fondés à se plaindre du résultat, et ne peuvent reconnaître le suffrage universel sans en reconnaître l'expression.

Je conçois et j'admets qu'on se révolte contre un gouvernement de privilège. La violence agit contre la tyrannie qui est elle-même une violence. Oppression contre oppression; et le despotisme fait la violence. Lorsque la liberté nous est refusée, on se soulève pour la conquérir; mais ici, quelle liberté vous manque, quel droit n'est garanti à chacun? Quelle raison alléguer pour justifier la contrainte? Une minorité qui, ne pouvant l'éclairer, violente la majorité; une fraction qui entreprend de s'imposer par la force brutale, ne le pouvant par la force de la raison, ne fait que signaler son impuissance. Elle montre bien qu'elle n'est pas la nation, puisqu'elle s'arme contre elle. On ne se révolte donc en effet que contre la liberté; et ces ennemis des rois imitent les rois qu'ils ont renversés. Je ne vois là que crime et tyrannie. Dans tout état libre, la minorité doit céder à la majorité. Autrement, la société ne se pourrait régler; et il n'y aurait plus qu'anarchie et guerre perpétuelle. Je défie qu'on trouve une maxime plus juste de gouvernement. Comment, en effet, la majorité, c'est-à-dire la société, agirait-elle conformément à des principes qui ne seraient pas les siens? Que la minorité développe légalement ses théories en se soumettant à l'ordre établi par la majorité, c'est son droit assurément, et je suis loin de le contester; mais en aucun cas elle ne peut recourir à la force brutale.

Si l'obéissance était laissée à l'arbitraire de chacun, chacun des membres de la société, juge dans sa propre cause, juge du droit et du temps et des moyens, serait avec la société dans un état flagrant d'hostilité perpétuelle. Il est impossible que tous les esprits qui ne sont pas faits de même, pensent de même; si donc tous les dissidents se révoltent, quel chaos, que de désordres, que de crimes et d'horreurs jusqu'à l'extermination du dernier homme! Le peuple n'a à craindre aujourd'hui que ses flatteurs et ses faux amis, ces prétendus républicains qui déshonoreraient la République par leurs excès, si la République n'était pas hors de leurs atteintes. Nous n'avions pas besoin de ces exemples pour savoir qu'il est plus difficile de fonder la liberté que de renverser le despotisme. Pour le despotisme, il ne faut qu'un coup de main, et le courage facile de quelques-uns ; pour fonder la liberté, il faut de la constance, toutes les vertus, et le concours de tous les citoyens. Le plus grand ennemi de la liberté, c'est l'anarchie, plus grand encore que le despotisme, car le despotisme est souvent le seul refuge contre l'anarchie ; et l'on voit alors le peuple, effrayé de sa propre licence, se précipiter sous la domination d'un seul tyran pour échapper à la domination de tous. L'anarchie est d'autant plus odieuse qu'elle prend la masque de la liberté, et qu'à la faveur du déguisement, elle nous séduit, nous abuse, nous égare. La tyrannie d'un seul homme ne déshonore pas du moins la liberté, et n'en flétrit pas le beau nom.

La misère sans doute est grande et générale ; mais faut-il en accuser la révolution de février ? La République trouva le trésor épuisé, et recueillit sans bénéfice d'inventaire le triste héritage de la monarchie. La cause principale et lointaine de la crise financière est, chacun en convient, l'exagération du mouvement industriel. Le pouvoir avait jeté la France dans la voie des spéculations, parce qu'il se défiait du sol même. Il ne savait que trop que l'agriculture est nécessairement indépendante des gouvernements. Elle est calme, forte, assurée, tandis que de sa nature l'industrie est plus mobile et maniable, plus crédule et plus accessible à la crainte et à l'espoir. Celle-ci se détermine davantage par des considérations de profit et réclame la paix à tout prix, la paix partout, la paix toujours.

Aussi le dernier gouvernement, qui s'accommodait fort bien de ces dispositions, dirigea-t-il tant qu'il put les esprits de ce côté. On ne céda que trop à l'impulsion donnée. Les bras furent enlevés pour la plupart à l'agriculture, les champs abandonnés et les vastes ateliers encombrés. Les villageois affluèrent dans les villes, où ils trouvaient plus de tentations, plus de mouvement et de vie, plus de satisfactions, de vanité, un salaire plus élevé quand il est acquitté, des plaisirs plus vifs et plus variés ; mais aussi plus de périls, de chagrins, de pertes, et enfin une ruine plus fréquente. On se mit à produire sans relâche, jusqu'à ce que les besoins et les fantaisies fussent rassasiés ; et quand ils furent plus que satisfaits, on produisit encore ; de là toutes les crises commerciales que nous voyons toujours lorsque la production est beaucoup plus forte que la consommation. Enfin, nous sommes parvenus à une crise terrible, plus grave que toutes celles dont nous fûmes témoins, parce qu'aux causes ordinaires de misère publique se joignent la concurrence de l'étranger, la mauvaise répartition, sur le territoire, de la population augmentée, ou pour mieux dire, l'exubérance de forces accumulées sur de certains points, qui se résout parfois en collisions sanglantes ; et surtout une révolution politique et sociale plus profonde que celles qui l'ont précédée, parce qu'elle agite les intérêts en même temps que les principes: Aussi l'agriculture est en souffrance, l'industrie paralysée et le travail suspendu. Mais rien n'est désespéré dans notre belle France. Le peuple est si ingénieux et si actif, la terre si riche et si féconde. L'agriculture raffermira l'ordre social troublé par des doctrines funestes et des tentatives insensées. Revenons à la raison simple. Retournons, comme des enfants prodigues à la terre, notre mère commune. C'est là que sont nos richesses et nos ressources ; et, comme le géant Antée, nous n'avons qu'à la toucher pour y puiser des forces nouvelles.

Notre belle France est de tous les pays du monde le plus fort, le plus libre, le plus uni. Sur aucun point du globe, vous ne trouverez une nation aussi compacte. Nous avons conservé tous les éléments de richesse et de puissance. Nous sommes pleinement indépendants, et seuls nous disposons de notre sort. Le crédit public ne peut manquer de se relever. Confions-nous en l'Assemblée nationale qui se confie enfin en elle-même. Trop longtemps cette Assemblée toute-puissante paraissait douter de son pouvoir. Comme elle se composait surtout d'hommes nouveaux, elle s'observait, s'étudiait, et cherchait à se reconnaître. Inquiète, soupçonneuse, irrésolue, elle laissait faire plutôt qu'elle ne faisait. Aussi quel fut son embarras lorsqu'elle eut à juger solennellement les membres du gouvernement provisoire ! Certes, l'assemblée ne les approuvait point, et elle l'a bien montré depuis ; toutefois, elle subit ce gouvernement sans l'accepter, et déclara qu'il avait bien mérité de la Patrie. On a vu dans ce décret une marque de faiblesse : j'aime mieux y voir une marque de conciliation. Depuis, l'Assemblée, plus éprouvée, s'est efforcée de rapprocher les cœurs et les volontés, sans qu'il parût lui en coûter. Pourtant, une fois elle me paraît avoir abandonné l'esprit de paix et d'union, lorsqu'elle se laissa arracher un décret aussi contraire à la justice qu'à la concorde : On voit que je veux parler de la loi de proscription qui frappe les Bourbons des deux branches. Ce n'est pas seulement le système républicain qui rejette l'hérédité des peines comme celle des privilèges et des charges publiques ; c'est la justice de tous les temps et de tous les lieux, qui défend de confondre l'innocent avec le coupable. Et sous un régime de liberté, proscrire en masse et à perpétuité, proscrire des races entières jusqu'à la dernière génération, proscrire nombre d'innocents pour un seul coupable, créer enfin un péché originel, sans moyen de purification, sans espoir de baptême, c'est une prétention qui ne se peut soutenir ; et je suis persuadé que les législateurs qui ont adopté le décret, ne croyaient pas à sa durée. Au moment où le ministre flétrit l'ancienne loi de proscription, il vient en proposer une nouvelle. Il invoque le droit commun, en présentant une loi d'exception. Il dérobe une patrie à des Français, en proclamant son respect pour la famille et la propriété. Ce n'est point un jugement ; comment alors punissez-vous ? Ce n'est point non plus une loi pénale, dites-vous ; et vous n'entreprenez pas, pour une simple raison, de nous prouver que le bannissement à perpétuité n'est pas une peine. Mais c'est une mesure de sûreté générale, êtes-vous réduit à confesser en invoquant la raison d'État. Soit : votre loi est injuste, mais politique. Je vous demanderai alors pourquoi ces inutiles précautions, lorsque, de votre aveu, la République n'est plus exposée à des restaurations désormais impossibles. Ah! je crains bien pour vous que vous ne craigniez pour elle, à voir ces contradictions entre vos actions et vos paroles. Mais, est-ce qu'un peuple libre ne sait pas entendre la vérité; et ces ménagements ne sont-ils pas indignes de lui et outrageants pour l'opinion publique? Bonaparte a dit une fois : J'ai eu grand tort de retenir Ferdinand VII; j'aurais dû l'exposer au grand jour, afin de désabuser les gens qui s'intéressaient à lui. En effet, la persécution fit un martyr du captif, après en en avoir fait une victime. Je ne ferai pas l'injure aux proscrits de France de les comparer au Bourbon d'Espagne : je rappelle seulement la fausseté de la mesure. On l'a dit bien souvent, les prétendants sont moins grands de près que de loin. Laissez-les donc approcher; en les jugeant mieux, vous les craindrez moins; et puisque la République est plus forte qu'eux, ils ne prévaudront pas contre elle. En outre, cette loi d'exception si injuste et si inutile, vous la transgressez au moment où vous l'établissez. Elle n'est pas même appliquée dans sa courte étendue et dans ses limites exceptionnelles. Elle a ses partialités et ses exclusions. Vous admettez ceux-ci, vous repoussez ceux-là. Vous vous décidez selon vos craintes déguisées, sans favoriser même vos préférés. En effet, lorsque vous ne les admettez que parce que vous ne vous souciez point d'eux, vous les abaissez nécessairement devant leurs concurrents que vous repoussez comme dangereux. Au reste, la gloire des Bonaparte doit s'indigner de leur partage : l'estime est en proportion de la crainte, et la proscription fait tout l'honneur. Mais sous un régime de liberté, le triomphe de l'erreur est de courte durée;

et cette mauvaise loi sera rapportée quand la République aura pleinement le sentiment de sa grandeur et de sa puissance. En attendant, espérons que l'Assemblée, éclairée sur les besoins publics, s'élèvera à la hauteur de sa mission et fera véritablement la constitution pour le peuple, pour ne pas être obligée de faire le peuple pour la constitution.

Mais prenons surtout confiance en nous, et ne cherchons pas exclusivement en des lois nouvelles le salut qui est en nous seuls. Ce ne sont pas les lois qui manquent aux hommes, ce sont les hommes qui manquent aux lois. Que servent les meilleures lois du monde, si elles ne sont pas appliquées? La République qui fait encore tant de peur, peut en effet réaliser les plus mauvais rêves des imaginations effrayées, si nous le voulons et le souffrons; mais, si nous le voulons aussi, nous pouvons accomplir tous nos souhaits de prospérité. Je connais cette vie d'inquiétudes et d'alarmes; mais les défiances, j'en suis sûr, reposent sur des malentendus. La discorde est plus apparente que réelle, et nous verrons les doutes s'éclaircir et les soupçons se dissiper comme de légères vapeurs, au grand jour de la vérité. Le nombre est petit de ces cœurs corrompus et de ces cerveaux malades qui conspirent la ruine de la Patrie, et ils ne réussiront pas dans leurs tentatives criminelles et insensées. Etouffons ces dissensions intestines. Pour être bon Français, qu'importe telle ou telle opinion, pourvu qu'elle soit nationale; tous ces débats sur nos différentes origines sont funestes et ces questions irritantes. Nous sommes tous frères, tous républicains, c'est-à-dire amis de la chose publique. Que ce soit de la veille ou du lendemain, nous le sommes tous du jour. Nous repoussons tous les noms de parti, toutes les catégories de classes, toutes les distinctions anti-sociales qui ne servent qu'à envenimer les passions ennemies. La grande question est celle du salut de notre commune Patrie. Rallions-nous donc autour du drapeau national, et marchons ensemble entre les abîmes de la contre-révolution et de l'anarchie, entre la licence et l'arbitraire. Le succès dépend de nous seuls. Que chacun fasse ce qui est en soi, et la France sera heureuse et calme autant que forte et libre.

GAUDEFROY.

www.ingramcontent.com/pod-product-compliance
Lightning Source LLC
Chambersburg PA
CBHW051752050726
47598CB00003B/1439